FSC
www.fsc.org
MIX
Papier aus ver-
antwortungsvollen
Quellen
Paper from
responsible sources
FSC® C105338

«Liebe über
den Tod hinaus...»

Gedichte, Texte und Songs
von Johannes Peter Zimmermann

unterstützt durch
imoriam.com
Erinnerungsboxen, QR-Biografie-Webseiten
Abschieds- und Erinnerungskultur

Bibliografische Information der Deutschen Nationalbibliothek: Die Deutsche Nationalbibliothek verzeichnet diese Publikation in der Deutschen Nationalbibliografie; detaillierte bibliografische Daten sind im Internet über dnb.dnb.de abrufbar.

Lektorat: Johannes Peter Zimmermann

Verlag: BoD · Books on Demand GmbH, Überseering 33, 22297 Hamburg, bod@bod.de
Druck: Libri Plureos GmbH, Friedensallee 273, 22763 Hamburg

ISBN: 978-3-8192-9900-1

Wie Treibgut im Ozean spülen uns die Stürme und
Gezeiten des Lebens eines Tages an die Küste
unserer Bestimmung.

Mich spülte der Wind des Lebens, der mich in den
Segeln des Erlebten vorwärtstrieb, durch den Nebel
der Ungewissheit
und mit den Strömungen der Zeit
an sichere Gestade.

In Schutz des Hafens derer, die mich lieben, trotze
ich nun dem unausweichlichen Schicksal und den
Wirrungen der Welt.

Von seinem Leuchtturm aus blicke ich hinauf zu den
Sternen, wo die auf mich warten, die mir
vorausgegangen sind.

Auch ich werde eines Tages
dort auf Euch warten.

Denn solange ich bin und darüber hinaus,
werde ich bei Euch sein.

In Demut und Dankbarkeit widme ich dieses Buch

meiner Familie

Als ich nach vielen Jahren meine jetzige Frau
wiedersah, hatte sie in der Zwischenzeit ihren
kleinen Jungen verloren. Sie war immer noch
wunderschön, immer noch klug, immer noch
herzlich, aber sie war verwandelt.

Sie ist dem Leben gegenüber dankbarer, bewusster
und demütiger als damals.

Und gerade wegen ihrer Verwundbarkeit ist sie …

Die stärkste Frau der Welt

Sie geht nicht 5-mal pro Woche ins Fitnessstudio…,
weil sie uns neben ihrem Job noch den Haushalt
schmeisst

Sie stemmt keine Gewichte…, weil sie schon die
Last unserer alltäglichen Sorgen trägt

Sie schafft keinen Marathon…, weil sie uns in der
Zeit das gemeinsame Abendessen und die
Bügelwäsche macht

Sie hat keine definierten Muskeln…, weil sie ihre
Kraft für Hausaufgaben, Vorlesen, Basteln und
Malen braucht

Sie hat nicht das Herz eines Athleten…, weil ihr
grosses Herz all den Platz für ihre Liebe zu uns
braucht

Sie ist die stärkste Frau der Welt…, weil sie Lächeln
kann, obwohl der Himmel ihren kleinen Jungen viel
zu früh zu sich geholt hat…
weil sie meine kleine Tochter liebt wie ihr eigenes
Kind…
weil sie jeden Tag für mich zu einem Feiertag
macht, egal wie schlimm die Welt da draussen ist.

Sie ist die stärkste Frau der Welt, weil sie mehr als
einen Menschen durchs Leben trägt, auch wenn ihr
Leben schon schwer genug ist.

Die stärkste Frau der Welt … ist meine Ehefrau!

Ihre Kraft, ihr Mut weiterzuleben, nachdem
schlimmsten, was einer Mutter widerfahren kann,
hat uns bestärkt imoriam.com zu schaffen, damit
Trauer in Dankbarkeit verwandelt werden kann und
Erinnerungen nie verblassen!

Der grösste Mann der Welt

Er war nicht einmal 1.70 gross…, aber für mich der
grösste Mann der Welt

Er war der Zweitjüngste von 12 Kindern…, aber hat
sich nie beklagt, oft der Letzte gewesen zu sein.

Er hat als Kind den Krieg gesehen…, aber den
Frieden geliebt.

Er hat Soldaten beerdigt und Friedhöfe gepflegt…,
daher er achtete das Leben.

Er war nicht akademisch gebildet…, weil er im Krieg
nicht lange zur Schule gehen konnte, sondern
Kohle in hunderte Keller tragen musste.

Er hatte nicht viel Haare…, weil bei einem
Zugunglück sein Schädel schwer verletzt wurde.

Er war kein Millionär…, aber seiner Hände Arbeit
hat es uns ermöglicht, Schulbücher zu kaufen und
dass ich an Klassenfahrten teilzunehmen konnte.

Er hat nicht viel Zeit für uns gehabt…, aber wenn er
da war, haben wir Tränen gelacht.

Er konnte uns keinen Luxusurlaub bieten…, aber
mit ihm, war ein Badesee schöner als die Karibik.

Er war oft traurig…, aber er hat es uns nicht spüren
lassen.

Er war nicht clever und smart…, aber hat jedem geholfen, der seiner Hilfe bedurfte.

Er hat keine Reichtümer angesammelt …, aber es hat uns an nichts gefehlt.

Er war am Ende sehr krank…, aber seinen Humor und sein Gottvertrauen hat er nie verloren

Er hat uns am Ende nicht mehr erkannt…, aber sein Herz schlug laut, wenn ich seine Hand hielt.

Er war der grösste Mann der Welt, weil ihm unser Glück wichtiger war als sein eigenes.

Er war der grösste Mann der Welt, weil er mutig war, tapfer war, stark und schwach war. Er war der grösste Mann der Welt, weil er Liebe, Demut und Dankbarkeit kannte.

Der grösste Mann der Welt … war mein Papa!

Ich will, dass seine Enkel und Urenkel noch wissen, dass es ihn gab! Sein Leben, seine Liebe in würdevoller Erinnerung zu behalten wie vielleicht auch ihr euren Vater, eure Mutter, euren Partner, euer Kind ist unser Anliegen!

imoriam.com ist für uns auch sein Herzensprojekt

Zum Geleit

Was wir sind, ist nicht nur das, was das Leben mit
uns macht, was uns widerfährt oder wem wir
begegnen.

Was wir sind, ist auch nicht nur das, woher wir
kommen, was uns mitgegeben wurde oder wer uns
begleitet.

Was wir sind, ist Sein und Werden, ist Wandel und
Veränderung und nicht zuletzt ist das, was wir sind
Verletzung und Heilung.

Was wir sind, ist ein unfassbarer Ozean voller
Erfahrungen, Prägungen, Tränen der Freude, des
Stolzes, der Dankbarkeit aber auch Tränen der
Traurigkeit.

Wir kommen, wir gedeihen, wir lernen, wir wachsen,
wir scheitern, wir siegen, wir verlieren, wir leiden,
wir enden.
Wir sind voller Mysterien, gefangener Energie,
dunkelster Tiefen und überschäumenden Lebens. In
jedem aber lebt ein Licht, das uns selbst
überdauert.

So sind wir am Ende aber ein einzelner winziger
Stern in der Finsternis, eine leuchtende Sonne in
der Dunkelheit, die den Zauber des Lebens bewirkt.
In uns ist ein Licht, das Leben selbst dahin bringt,
wo es grausam, ungerecht, eisig und ungerecht
erscheint. In uns lebt das Wunder, das sich Liebe

nennt, und das alles überdauert, den tobenden
Orkan oder die nie enden wollende Flaute.

... und manchmal, manchmal wenn man es am
wenigsten erwartet, wenn es uns das Herz
zerreisst, uns die Seele quält und uns die
Einsamkeit aufzufressen scheint… manchmal
genau dann reift in uns nicht nur das
Bewusstwerden unserer Endlichkeit, sondern auch
die Erkenntnis für den Sinn unseres Daseins.

Jenseits unseres Strebens nach Glück, jenseits
unserer Gier nach Geld und Besitz, jenseits allen
Verlangens nach mehr entdecken wir in uns jenen
glühenden Stern der Erleuchtung im
unerschöpflichen Ozean unserer fantastischen
Existenz.

Erst dann erkennen wir: Die Liebe hört niemals auf

<u>Mein schönster Stern</u>

Mein schönster Stern, mein Engel,

mein Traum, mein Lebensglück,

meine viel bessere Hälfte,

mein Quell, mein Gegenstück.

Mit wundervollen Augen sahst du mich oft an.

Ich fand' dann nie die Worte, wie ich es sagen kann.

Diese kurzen Zeilen tun das nun für mich

sagen jetzt und immer „Mein Herz, ich liebe Dich"

<u>Wegen Dir</u>

Ein Stern war heller wegen Dir

Die Zeit ging schneller wegen Dir

Der Schnee schien wegen Dir noch weisser

Die Stille wegen Dir noch leiser

Wegen Dir war ich voll Mut

Wegen Dir war alles gut

Wegen Dir bin ich bereiter

Wegen Dir leb' ich jetzt weiter

<u>Was ich nicht bin</u>

Ich bin kein grosser Denker,

kein Dichter, kein Poet,

kein Held, kein Prinz, kein Lenker,

kein Schöngeist, kein Ästhet.

Doch eines weiss ich sicher,

bleibt unerschütterlich,

solang ich atmen werde,

schlägt mein Herz für Dich!

<u>Zeitenwende</u>

Wind von Hügeln über Meere

Wind aus höchster Atmosphäre

Wind von Ebenen und Feldern

Wind aus Höhlen und aus Wäldern

Wind von Bächen und von Wegen

Wind aus Wolken und aus Regen

Wind von Dächern und von Türmen

Wind aus Wüsten und aus Stürmen

Wind vom Mond und von Gestirnen

Wind aus Eis von Gletscherfirnen

Alle Winde strömen hin

Zu Dir, weil ich gewesen bin

Jeder Wind streift deine Hände

Zeit zu wenden – Zeitenwende

<u>Pusteblume</u>

Sanfter Tau auf deinen Zügen

Zitternd, wirbelnd schwingt der Duft

Gläsern fein auf deinen Flügen

Trägst deine Anmut durch die Luft

Tanzt den Blättern nach im Spiel

Lautlos wähnend unbedacht

Ahnt der Südwind Dein Gefühl

Bis ans Ende jeder Nacht

<u>Es wäre nichts</u>

Und hätt' ich alle Güter

und Reichtümer der Welt

Besässe Macht und Anseh'n,

besässe Gut und Geld,

Hätte ich tausend Leben,

wär' ewig schön und klug

Besässe Königreiche,

unsterblich, stets genug

Was wäre so ein Leben,

was wär' die Welt für mich?

Hätt' es Dich nie geben,

alles wertlos ohne Dich.

<u>Du kennst mich</u>

Du sahst in meine Seele
und wusstest wie ich bin.

Du kanntest meine Fehler,
die Schwächen nahmst Du hin.

Du ahntest die Gedanken,
verstandst mich ohne Blick

Du wohnst in meinem Herzen,
begleitest mein Geschick

Du führtest mich durch Stürme
und wärmtest meine Nacht

Du gabst mir Deine Schulter,
hast nur im «WIR» gedacht,

Du lehrtest mich zu fliegen
unendlich hoch hinaus

Du bleibst mein Ein und Alles
Du bleibst mir mein Zuhaus.

<u>Gottes Geschenk</u>

Gott schenkt der Zeit die Stunden,

dem Tag schenkt er Sekunden

Gott schenkt dem Meer die Wellen,

dem Wasser schenkt er Quellen.

Gott schenkt dem Wind die Weite,

dem Raum schenkt er die Breite,

Gott schenkt den Sternen Funkeln

der Nacht schenkt er das Dunkeln,

Gott schenkt der Sonne warmes Licht,

dem Leben schenkt er sein Gesicht.

Mit Dir schenkte er mir alles Glück

Er schenkte mir sein Meisterstück.

<u>Du gingst den Weg</u>

Du gingst voraus, den letzten Weg.

Allein gingst Du den langen Steg.

Du gingst voran, die letzte Reise,

Du gingst voran, Dein Schritt so leise

Du gingst den Weg, der erst da endet

wo sich mein Weg in Dir vollendet

<u>Zweifle nicht</u>

Zweifle an den Menschen

Zweifle an der Welt.

Zweifle an Religionen.

Zweifle an Macht und Geld.

Zweifle an den Felsen.

Zweifle an das Licht.

Doch an meiner Liebe

Daran zweifle nicht

Was Leben wäre

Wie wär' das Leben ohne Farbe,
so öde und so fahl.

Wie wär' es ohne Pflanzen,
so leblos und so kahl.

Wie wär' das Leben ohne Töne,
so trostlos und so arg.

Wie wär' es ohne Tiere,
so einsam und so karg.

Wie wär' das Leben ohne Zeiten,
so monoton und leer.

Wie wär' es ohne Wärme,
so kalt und kühl und schwer

Wie wär' das Leben ohne Liebe,
so sinnlos auch für mich.

Du schenktest mir Dein Leben,
denn Liebe nenn' ich Dich

<u>Komm mit</u>

Komm mit zum Regenbogen hinter den Horizont

Ich zeig Dir einen Ort, dort wo das Leben wohnt.

Komm mit zur Morgenröte hinter dem Tor der Zeit

Ich zeig Dir einen Ort, dort träumt die Ewigkeit.

Komm mit zum Rand des Kosmos

hinter der Fantasie

Dort werde ich Dich sehen,

dort endet Liebe nie

<u>Königin</u>

Kein Gefolge Dich begleitet
Dir ist eigen kein Palast
Keine Armee, die für Dich streitet
Kein Diadem Dein Haar umfasst

Du gebietest keinen Ländern
Nicht ein Volk ist Dir ergeben
Kein Gesetz kannst Du verändern
Nicht Herrscher über Tod und Leben

Keine Schätze, die gefallen
Kein Gold nicht mal ein Hermelin
und doch die Edelste von allen
Im Leben und im Tode, Du meine Königin

<u>Schmetterling</u>

Könnt' ich nur einmal blühen

Für Dich nur einen Tag,

Ich würd' getrost verwelken

für deinen Flügelschlag

<u>Pass auf Dich auf</u>

Du kanntest meinen Namen –
Du wusstest wer ich bin

Du sahst in meine Seele –
die Schwächen nahmst Du hin.

Du lachtest wie der Sommer –
verzaubertest die Welt

Du hast mir meine Erde
stets auf den Kopf gestellt.

Lache, singe, lebe –
denk' ab und zu an mich

Wir sehen uns einst wieder.
Bis dann vergiss mich nicht

Ich wünsch Dir alles Liebe,
viel Glück im Weltenlauf,

Versprich mir nur das eine
, pass immer auf Dich auf.

Du sollst für immer wissen,
dann schweig ich vor mich her.

Ich wohn in deinem Herzen,
ich liebe Dich so sehr.

<u>Songs aus dem Album</u>

Let me love you

45

<u>Until</u>

The tops of the mountains are covered with snow

The green of the valley is sleeping below

The sunrays give birth to an ice world round here

Mankind is unconscious when heaven is near

This granit and sea are talking to me

Until these glaciers are seas until these highlands
are open

Until this world breaks into I am loving you

In rough rocks the wind sings a ballad of love

on the roof of all mortals blue infinity is above

This granit and seas are hovering me

An eagle in blue sends whispers to you

Until all oceans run dry until the universe is over

Until this world breaks into I am loving you

QR-Code zum Youtube-Song:

https://youtu.be/Tu79AW68GIs

<u>Close your eyes</u>

Each look in your magic eyes I am loosing the
ground

Each touch of your magic skin there is heaven
around

The only thing I can do – is dreaming of you

Close my eyes what I see, you are smiling for me

Your appearance, your grace so bright –
safe a life for the night

Each yard you are away from me
it is like lightyears to me

Each walk in the summer rain I can not believe

Only thing I can do – is dreaming of you

Close my eyes what I see – you are smiling for me

Your appearance your grace so bright –
safe a life for the night

QR-Code zum Youtube-Song:

https://youtu.be/mpmxtuAT-eM

Let me love you

You have crossed my ways unexpectedly
About my heart sudden fallacy
The style you walk, the way you smile
And in your eyes my soul rests for a while

Let me love you, let me love you
Snow and ice escort me on my way
Let me love you, let me love you
You are harboured in my heart on every day

The magic of our first embrace
The way you have kissed me, miracle of grace
I have never met someone like you
My love increases with everything you do

Your angel eyes so often have touched my heart at
night
When you are close beside me all the stars are
shining bright

QR-Code zum Youtube-Song:

https://youtu.be/8Sm8p2zRXcw

<u>Fly with me</u>

In the days of youth I wish I were
A seagull on my wings I wanted to fly

In the high and glissen atmosphere
All around me there is blue infinity here

Take me high where the eagles fly
A land of peace and boundless freedom

Fly with me along the sea
Skies are blue – just me and you
Fly with me along the sea
Where our hearts feel life forever

Now I am sixty-four – so and I
Am looking back to all days that live in my mind
I remember moments good and bad
In your arms it was the best time I ever had

Take me high where the eagles fly
A land of peace and boundless freedom

QR-Code zum Youtube-Song:

https://youtu.be/OS55NOvvUv4

<u>alien</u>

Darkness conquers sea- silence on the fields
Sunlight escapes slowly behind the hill
Settled birds sing loud and silently about
Questions in my heart that I still doubt

Although I have really tried all intentions died
And now I feel the pain where once my love grew

She is an alien, an alien that turns around my head
It is her majesty, her mystery a melody of love
Bring me to bed, my love bring me to bed, bring me
to bed.

Caressing how you talk, the style in that you walk
The way that you behave, the way you laugh
A pair of eyes that shine out of soul in mine
My heart has won against a thousand words

Fallacy in such, the magic of her touch
Her joy of life has given me so much
Moments that we share, these pain clothes that I
wear
These rainbow eyes are more than I can bear

Something in her maybe takes my dreams away
And so I feel inside the alien is over

QR-Code zum Youtube-Song:

https://youtu.be/WmDdv_1grGI

<u>Separation</u>

Dawn lies on the horizon, it is pink it is blue
A new morning is rising, my heart I love you

I am lying beside you, tears roll over your cheeks,
We know that I must go, my country just intrigues

When the army is calling it is breaking my heart,
When the army is calling I should fall apart
They are taking me away from you this night
Giving me a weapon so that I can fight
When the army is calling it is breaking my heart
and yours

The last minute has come, an everlasting kiss
My heart is feeling lonesome – increase of that I
miss

Alas, I must leave you – I am closing the door
The world seems to be cruel
Cold – and darkness on this floor

When the army is calling it is breaking my heart.

QR-Code zum Youtube-Song:

https://youtu.be/cL2qHPnK-B4

<u>Tears</u>

Tears are running thin on your pulsing skin
I want to love there
Climbing high and low through your mind I know
I want to go there
Finding unknown place by looking in your face
I want to run there

And so I find it where heaven is just there
There where you are, there where you are
I want to be yours my love
That is all what I am dreaming of
In your arms the evil is far
There where you are

Coming from the side escaping into light
I want to stay there - I want to take care

And so I find it where heaven is just there
There where you are

QR-Code zum Youtube-Song:

https://youtu.be/22zFopW4hw0

<u>Each look</u>

You are waiting before – in front of my door
You are laughing in your Winnie Puh Shirt
You wrap your arms around me
And you send me your smile – so we stay for a
while

We go into parks – watch dolphins and sharks
You are laughing in your Winnie Puh Shirt
I am feeling you beside me
with each word that you have said, touch my heart
and my head

each look in your eyes is amazing to me
I can not express what you are meaning to me
But I miss you each second and
my heart always cries
When I look in your eyes

We talked about school – and horse riding cool
On the street a car horn sound
You warp your arms around me
And you send me a smile – my comfort for a while

QR-Code zum Youtube-Song:

https://youtu.be/pWC1bzbGLyo

Zwei Vagabunden

Wir waren Vagabunden

im Spiel von Zeit und Raum

einander fest verbunden

in Liebe und Vertrau'n

wir geh'n auf eine Reise

und Herzblut wird uns leiten

auf wundersame weise

durch Stürme und Gezeiten.

<u>Zu guter Letzt</u>

Hätt' ich noch eine Stunde

Nur einen Augenblick

Ein Hauch von der Sekunde

Dann wünscht' ich mir zurück.

Nur Deine Hand zu führen

nur deiner Stimme Klang

nur deinen Atem spüren

dann wär' der Tod nicht ganz so lang

Weitere Veröffentlichungen:

The Only (Song LGBTQ)   https://youtu.be/wB84Mna6VJ8

Music is my bride (song)   https://youtu.be/H4M-v2pAoXU

Christmas in your eyes (Song) https://youtu.be/Ve99S1r7S9E